HENRI BOREL

WU WEI

EDICIONES OBELISCO

Si este libro le ha interesado y desea que le mantengamos informado de
nuestras publicaciones, escríbanos indicándonos qué temas son de su interés
(Astrología, Autoayuda, Ciencias Ocultas, Artes Marciales, Naturismo,
Espiritualidad, Tradición...) y gustosamente le complaceremos.

Puede consultar nuestro catálogo en www.edicionesobelisco.com

Colección Libros Singulares
Wu Wei
Henri Borel

1.ª edición: marzo de 2012
2.ª edición: junio de 2022

Título original: *Wu Wei*

Traducción: *Juli Peradejordi*
Corrección: *M.ª Jesús Rodríguez*
Maquetación: *Marta Rovira*
Diseño de cubierta: *Enrique Iborra*

© 2012, Ediciones Obelisco, S. L.
(Reservados los derechos para la presente edición)

Edita: Ediciones Obelisco, S. L.
Collita, 23-25. Pol. Ind. Molí de la Bastida
08191 Rubí - Barcelona - España
Tel. 93 309 85 25
E-mail: info@edicionesobelisco.com

ISBN: 978-84-9777-799-5
Depósito Legal: B-4.531-2022

Printed in India

Reservados todos los derechos. Ninguna parte de esta publicación,
incluido el diseño de la cubierta, puede ser reproducida, almacenada,
transmitida o utilizada en manera alguna por ningún medio, ya sea
electrónico, químico, mecánico, óptico, de grabación o electrográfico,
sin el previo consentimiento por escrito del editor. Diríjase a CEDRO
(Centro Español de Derechos Reprográficos, www.cedro.org)
si necesita fotocopiar o escanear algún fragmento de esta obra.

1. Tao

Era en el templo de Shien Shan, en un islote del mar de la China, a unas pocas horas de barco desde el puerto de Ha To. Al occidente, varias hileras montañosas parecían encaminarse hacia la pequeña isla, apretujada en el hueco de dos líneas que confluían. Al oriente, el océano, infinito. Muy elevado, el templo se encuentra adosado a las rocas, a la sombra ensanchada de los árboles de Buda.

Este islote recibe pocas visitas. A veces son pescadores que huyen de un tifón que se acerca y anclan sus barcas en él cuando el puerto vecino está muy alejado.

Nadie sabría decir por qué se alza el templo en un lugar tan solitario. Su derecho a la existencia parece haber sido consagrado por los siglos. De vez en cuando, algún extranjero se aventura hasta allí; se encuentra con un centenar de seres andrajosos que continúan llevando, por tradición, una vida ancestral.

Me dirigí hacia aquel templo conducido por la esperanza de hallar allí algún hombre cuya enseñanza fuera fructífera. Más de un año visitando monasterios y santuarios cercanos no me había permitido encontrar aún un solo sacerdote serio que me enseñara lo que no contenían los escritos superficiales a propósito de la religión del Celeste Imperio. En todas partes caí sobre pobres hombres, ignorantes y limitados que, arrodillándose ante imágenes cuyo sentido simbólico no lograban captar, repetían como loros extraños *Sutras* de los que no entendían ni una sola palabra.[1] Mi limitado bagaje de ciencia lo tuve que reunir a partir de libros mal traducidos, aún más deformados por los sabios europeos que por los literatos chinos a los que había tenido ocasión de consultar.

Un día, oí a un viejo chino refunfuñar algunas frases a propósito de cierto «Sabio» de Shien Shan que había penetrado en los secretos del Cielo y de la Tierra.

Incontinente, aunque sin concebir demasiadas esperanzas, atravesé el mar para ir al encuentro del Sabio.

El templo se parecía a otros que yo ya había visto. Dos sacerdotes inmundos, acurrucados en sus harapos gris-sucio, me avistaron burlándose estúpidamente de mí. Las imágenes de Kwan Yin, de Sakiamuni, de San Pao Fo, recientemente repintadas, habían perdido su antigua belleza bajo la brillante capa de colores chillones. El suelo estaba lleno de todo tipo de porquería, cortezas de naranjas, trozos de caña de azúcar. Un olor fétido me impedía respirar.

Dirigiéndome a uno de los sacerdotes, dije:

—He venido a ver al viejo Sabio. ¿Vive aquí un Sabio venerable? Le llaman Lao-Tzú.

Con cara de asombro, me respondió:

—Lao-Tzú habita encima de la roca, en el pabellón superior. Pero no le gustan los bárbaros.

Sin dejarme desconcertar, proseguí:

—¿Me llevarías hasta él? Te daré un dólar.

La codicia hizo brillar sus ojos, pero, bajando la cabeza, me dijo:

—No, no me atrevo. Ve solo.

Sus compañeros, que aún se reían, me ofrecieron té, esperando sin duda una generosa limosna.

Me encaminé y, tras una media hora de ascensión, descubrí una habitación cuadrada: la celda de la ermita. Habiendo rozado la puerta, oí enseguida que giraba la llave.

El Sabio apareció en el umbral, hundiendo su mirada en la mía.

Fue una revelación.

Me pareció ver una brillante Luz que, en vez de deslumbrarme, arrojaba paz. El hombre se alzaba, alto y erguido como una palmera. Su rostro era cal-

mo como una tarde de verano, cuando los rayos de la Luna bañan las cimas de los árboles inmóviles.

Su cuerpo entero poseía la majestad de la Naturaleza, tan simplemente bello era, espontáneo como una nube o una montaña. Poseía la misma aureola de santidad que un paisaje crepuscular, cuando exhala el alma en los últimos reflejos luminosos y el poeta siente subir en él algo como una oración.

Los ojos del Sabio, descendiendo hasta lo más hondo en mí, me llenaron de angustia; conocí entonces la vanidad de mi pobre y pequeña vida.

Incapaz de articular una sola palabra, bebí, silencioso, la luz que emanaba de él.

El Sabio me tendió la mano, y su gesto de acogida semejaba al de una flor que se inclina a partir del tallo.

Habló, y su voz me hizo pensar en el zumbido del viento en las hojas.

—Salud, extranjero –dijo–. ¿Qué vienes a buscar ante un anciano?

—Busco un maestro –respondí humildemente–. Quiero conocer la verdadera Doctrina, aquella que me enseñará a ser bueno. Durante mucho, mucho tiempo la he buscado en este bello país. Pero el pueblo está como muerto, y yo continúo tan pobre como antes.

—No está bien, no está bien –respondió el Sabio–. No hay que aspirar a tanta bondad. No busques demasiado, pues así nunca hallarás la verdadera sabiduría. ¿Acaso no sabes cómo descubrió el Emperador de China su perla maravillosa? Te lo diré: «El Emperador Amarillo»,² errando un día en el norte del Mar Rojo, alcanzó la cima de los montes Kun-Lun. Cuando descendió hacia el sur, perdió su perla maravillosa. Ordenó a su Saber que la reencontrara, y no obtuvo nada. Ordenó a la Magia que la reencontrara, pero fue en vano. Ordenó al Poder Supremo que la encontrara, pero ocurrió lo mismo. Finalmente, transmitió la misma orden a la Nada, y ésta la recuperó. «¡Qué extraño!», exclamó el Emperador Amarillo, «la Nada la ha encontrado». ¿Has comprendido?

—Creo –dije–, que esta perla era su alma; tanto la ciencia, como la vista o la palabra tienden más a oscurecer que a aclarar. En fin, sólo el No Actuar absoluto permite al Emperador reencontrar la conciencia de su alma. ¿Qué pensáis, Maestro?

—¡Muy bien! Has presentido la verdad. ¿Sabes quién es el autor de este bello relato?

—Soy joven e ignorante. No sé.

—Nos ha llegado a traves de Tchuang-Tzú, discípulo de Lao-Tzú, que fue el Sabio más grande de la China. Ni Confucio ni Mencio han expresado la Sabiduría más pura. Lao-Tzú fue el más grande, y Tchuang-Tzú es su apóstol. Ya sé, vosotros, los extranjeros, sentís una benévola admiración, incluso por Lao-Tzú. Sin embargo, no creo que haya muchos entre vosotros que sepan cómo Lao-Tzú logró ser el hombre más puro de la tierra. ¿Has leído el *Tao Te King*? ¿Has reflexionado en el sentido que concedía a la palabra *Tao*?

—Me sentiría muy honrado si mi venerable Maestro se dignara revelarme el sentido de *Tao*.

—Me parece, joven, que podría enseñarte.[3] Hace muchos años que no tengo alumnos y leo en tus ojos, no la vana curiosidad, sino el deseo sincero de adquirir la sabiduría que liberará tu alma. Escúchame.

»En resumen, *Tao* es lo que los extranjeros llamáis Dios. *Tao* es el único. El Principio y el Fin. Lo abarca todo y todo vuelve a él. Lao-Tzú, al principio de su libro, trazó el carácter *Tao*. Sin embargo, lo que entiende por *Tao,* la Superioridad Absoluta, el Único, no puede ser nombrado, ni interpretado por un sonido, por el mero hecho de que es el Único. Del mismo modo, vuestro Dios no puede ser llamado Dios. *U,* la Nada, eso es lo que es el *Tao.* ¿Me entiendes? Escucha aún.

»Hay una Realidad Absoluta, sin principio ni fin, que no podríamos concebir y que, por este mismo hecho, es para nosotros Nada. Por otra parte, aquello que podemos concebir, lo que para *nosotros* es relativamente real, en realidad no es sino apariencia; es una consecuencia engendrada por la Realidad Absoluta, ya que todo vuelve a ella, después de haber salido de ella. Sin embargo, las cosas, para nosotros reales, no son reales en sí. Lo que llamamos Ser, en realidad, no es, y lo que llamamos No-Ser, es. Vivimos en profundas tinieblas. Lo que imaginamos como real no lo es, y sin embargo, procede de lo real, pues lo Real lo es Todo. Pues bien, todo Ser, así como todo No-Ser, es en realidad *Tao.* Recuerda que *Tao* no es más que un conjunto

de sonidos proferidos por el hombre; el verdadero *Tao* es indecible. Toda cosa percibida por los sentidos, todos los deseos del corazón son irreales. *Tao* es tanto el principio del Cielo como de la Tierra. Uno engendró Dos. Dos engendró Tres. Tres engendró la Multiplicidad. La Multiplicidad vuelve al Uno.

»Cuando te hayas empapado de todo esto, joven, habrás franqueado las primeras puertas de la sabiduría. Sabrás entonces que *Tao* es el origen de todo. De *Tao* proceden los árboles, las flores, los pájaros. El océano, el desierto, los montes le deben su ser. El día, la noche, las estaciones, la vida y la muerte nacen de él. Lo mismo ocurre con tu propia existencia. Los universos perecen, los océanos se evaporan en la eternidad. Un hombre surge de las tinieblas, sonríe unos instantes al fulgor que lo rodea, y luego desaparece. *Tao* está en todos estos cambios. Tu alma, en su esencia, es *Tao*. ¿Ves el mundo que se extiende ante tus ojos?

Con un gesto amplio, el Sabio abrazó el mar y el horizonte.

Las montañas entregaban al cielo sus masas poderosas y resueltas. Eran como pensamientos poderosos esculpidos en plena conciencia. A medida que se hacían más lejanas, su sustancia se afinaba, se perdía como soñadores horizontes de éter luminoso. Una de ellas, muy alta, tenía en su cima un arbolillo que, en un tenue balanceo, dibujaba sobre la claridad celeste un fino bordado de hojas que se movían. Caía la tarde. Como una ternura envolvente, descendía de las regiones superiores. Las estrellas comenzaban a brillar y las montañas se recortaban, más claras, aureoladas de una maravillosa beatitud. Sus contornos se precisaban. Por doquier era la calma ascendente, que convergía en un haz de líneas rectas, inmóviles, como la llama pía de una fe inquebrantable y serena. Y el mar, lentamente, empujaba hacia nosotros sus olas; hubiérase dicho que planeaban. Era un infinito que caminaba, lleno de tranquila certeza. Y observé aún una pequeña barca cuya minúscula vela parecía un pétalo de rosa dorada. Ínfima, se aventuraba sin temor como cargada de amor sobre la extensión inmensa. Todo era de una absoluta pureza; inaccesible al mal.

Entonces, lleno de una extraña alegría, dije:

—Maestro, la comprensión entra en mí. Lo que busco *es,* en todas partes. No era necesario ir tan lejos en busca de lo que estaba al alcance de la mano. Lo que yo busco está en todas partes; lo que soy yo mismo, lo que es mi alma. Me es tan familiar como mi propio yo. Todo es Revelación. Dios está en todas partes. *Tao* está en *todo.*

—Cierto, hijo mío. Sin embargo, debes evitar las confusiones. *Tao* está en lo que ves. Pero lo que ves no es *Tao.* No cometas el error de creer que podrías contemplar *Tao* con los ojos de la carne. *Tao* no te hará ni estallar de alegría en tu corazón, ni saltar las lágrimas. Todos tus sentimientos y emociones son relativos, y no reales. No me extenderé en estas cosas; sólo estás en el umbral de la primera Puerta. Lo que percibes no son sino los primeros albores del alba. Conténtate con haber descubierto *Tao* en todo. Tu vida ganará en simplicidad y en confianza. Créeme, en el abrazo de *Tao,* estás tan seguro como un niño en brazos de su madre. Cada día te sentirás más impregnado de gravedad, en cualquier lugar donde estés, santificado como un sacerdote en el recinto del templo. Ya no temerás más las tribulaciones. Ya no temblarás ni ante la vida ni ante la muerte, pues sabrás que tanto una como otra proceden de *Tao*. Observa cuán simple es esta noción, pues *Tao,* una vez te haya envuelto en la vida, no dejará, después del paso de la muerte, de envolverte por la eternidad.

»Observa el paisaje que se extiende ante tus pies. Los árboles, los montes, el mar son tus hermanos, como lo son el aire y la luz. ¿Ves las olas que avanzan con un paso natural como movidas por una ley cuya ineludible fuerza conocen? ¿Ves ese arbolillo, tu tierno hermano, y el juego exquisito de sus hojas tenues?

»Escucha ahora lo que voy a decirte de *Wu Wei,* del No Actuar, del Dejar Ir al ritmo que procede de *Tao*.[4] Los hombres podrían ser verdaderamente hombres si se dejaran ir como hacen las olas del mar, como florecen los árboles, en la simple belleza de *Tao*. En todo hombre hay un impulso a moverse que procede de *Tao* y que tiende a devolverlo a él. Pero los hombres se dejan cegar por sus sentidos y sus deseos. Son ellos los que quieren la voluptuosidad, la alegría, el odio, la fama y las riquezas. Sus movimientos toman

la violencia de la tempestad desencadenada; su ritmo es un ascenso furioso, seguido de una precipitada caída. Desesperados, se atan a todo lo que es irreal. Desean demasiado la multiplicidad como para desear al Único. También quieren la sabiduría, y la bondad, y esto, es lo peor de todo. Sólo hay un Remedio: el retorno a nuestros Orígenes. *Tao* está en nosotros. *Tao* es el Reposo. Sólo podemos llegar hasta él dejando de tender hacia él, y lo mismo ocurre con la bondad y la sabiduría. ¡Ay esos deseos inflamados de conocer *Tao*! ¡Esta triste pena que consiste en buscar palabras que lo expresen o lo imploren! El verdadero Sabio contempla la Doctrina inefable, que nunca será expresada.[5] Por otra parte, ¿quién podría expresar *Tao*? Los que saben (qué es *Tao*) no lo expresan; aquellos que lo expresan, lo ignoran.[6]

»Tampoco yo te diré qué es *Tao*. Lo descubrirás por ti mismo, liberándote de todo deseo, de toda emoción, viviendo sin esfuerzo, sin acción alguna que esté en oposición con la naturaleza. Con un movimiento tan calmo, tan regular como el del Océano que está delante de nosotros, has de dejarte llevar hasta *Tao*. El mar no se mueve porque sea su voluntad, ni porque sepa que es bueno o sabio moverse. Se mueve porque se mueve, y no tiene ninguna conciencia de ello. Así, del mismo modo, fluirás hacia *Tao,* y cuando hayas alcanzado el objetivo, no sabrás nada, pues tú mismo serás *Tao*.»

El Sabio se calló, mirándome tiernamente con una paz semejante a un cielo sin nubes.

—Padre –le dije–, lo que me enseñáis es tan bello como el mar. Y me parece tan sencillo como la Naturaleza. Sin embargo, no le es tan simple al hombre dejarse fluir, sin más, hacia *Tao* en una serena inacción.

—No confundas las palabras –me respondió–. Cuando Lao-Tzú hablaba de *Wu Wei*, el No Actuar, no se refería a la inacción ordinaria, el contentamiento perezoso con los ojos cerrados. Designaba la inacción de los movimientos terrestres, de los deseos, de las aspiraciones hacia cosas desprovistas de realidad. Y entendía la acción de las cosas reales; una de las más enérgicas actividades del alma que hay que liberar de la triste carne, como se abre la jaula del pájaro cautivo. Entendía el abandono al poder interior, al ritmo que tiene de Tao, y que te vuelve a llevar a él. Te lo digo, este moverse es tan natural como el de una nube que flota encima de nosotros.

Lentamente, algunas nubes doradas resbalaban, en lo alto, derivando poco a poco hacia el mar. Brillaban con el resplandor puro de un amor sublimado, prosiguiendo su camino con la sensualidad de un sueño.

—Dentro de un momento –dijo el Sabio– se habrán disuelto en el infinito del cielo, y sólo percibirás el eterno azul. Así tu alma, como en un sueño, será disuelta y absorbida por *Tao.*

—Mi vida está llena de pecados –repliqué–. Estoy abrumado por un fardo de deseos oscuros. Y mis sombríos hermanos, los humanos, se me parecen. ¿Cómo, purificados como el oro virgen, aligerados y límpidos

como estas nubes, podrían por fin fluir hacia *Tao*? El mal nos hace pesados y nos hace caer de nuevo en el barro.

—No creas, no creas –dijo el Sabio con una sonrisa amorosa y clemente–. Ningún hombre podría destruir *Tao*; en el alma de cada cual brilla con un destello inextinguible.

»Sobre todo, no creas que la maldad del hombre sea hasta tal punto resistente. *Tao,* el inmortal *Tao,* vive en el corazón de todos, tanto en el sabio como en el asesino, en el poeta o en el más depravado. Todos llevan en él un tesoro indestructible, y nadie vale más que su hermano.

»No podrías amar más a uno que a otro, ni bendecir a uno para maldecir a otro. En esencia son tan semejantes como granos de arena sobre la playa. Nadie será, en la eternidad, excluido de *Tao,* pues todos lo llevan en sí mismos. Sus pecados son ilusorios como vaga neblina. Sus actos no son sino un espejismo y sus palabras se evaporan como el más evanescente de los sueños. No pueden ser buenos, ni malos. Irresistiblemente, están movidos hacia *Tao,* como la gota de agua va a parar fatalmente al océano. Ciertamente, el viaje de unos es de una duración más o menos larga que el de otros. Pero, ¿qué son algunos siglos al lado del infinito? ¡Pobrecillo! ¿Hasta tal punto te ha llenado de temor tu pecado? ¿Verdaderamente has imaginado que podría ser más fuerte que *Tao*? ¿Has podido creer que los pecados de los hombres resistirían a *Tao*? Has buscado una perfección demasiado grande y te

has detenido demasiado tiempo ante tu maldad. Has querido ver demasiado bien en tus semejantes y su maldad te ha entristecido injustamente.

»Todo esto no es sino apariencia. *Tao* no es ni bueno ni malo, pues sólo *Tao* es Realidad. *Tao* es; todas las cosas irreales viven una vida ilusoria, hecha de contrastes y relatividad. No viven en sí, y no son más que añagaza. Deja de querer ser bueno y no te creas malo. ¡*Wu Wey!*, No Acción, así debes dejarte ir. No ser ni bueno ni malo, ni grande ni pequeño, ni alto ni bajo. No serás verdaderamente hasta el día en que, capta bien el sentido de mis palabras, dejes de ser. Libérate en primer lugar de todas las ilusiones, de todos los deseos, de todas las aspiraciones. Entonces emprenderás el camino, sin saberlo, sin ser movido por una causa de la que puedas ser consciente. Fluirás hacia *Tao* a un ritmo ligero que es tu puro principio vital, el único real. E irás, tan claro, tan inconsciente como las nubes de oro que se han disuelto en los cielos.

Súbitamente, me pareció que respiraba con más libertad sin que, sin embargo, pudiera decir que se trataba de alegría o de felicidad. Era más bien como si se explayaran en mí horizontes cada vez más amplios.

—Padre –dije–, os agradezco vuestras palabras, llenas de *Tao,* que me arrastran a un ritmo que no sabría definir, pero que me arrulla suavemente. *Tao,* en verdad, es algo maravilloso. Lo que siento, nunca me lo hicieron sentir ni la ciencia ni la sabiduría adquiridas.

—Deja de perseguir la sabiduría –dijo el anciano–. No busques nunca el saber demasiado y, con el tiempo, la ciencia vendrá a ti por sí misma. El saber adquirido por la acción no natural aleja a *Tao*. No intentes conocer todo acerca de los hombres y de las cosas que te rodean y, sobre todo, no te esfuerces en profundizar en sus relaciones y sus contrastes. No seas asiduo persecutor de la felicidad y no te dejes amedrentar por la desgracia. Ni una ni otra son reales. La alegría, el dolor, tampoco lo son. Si pudieras representarte *Tao* bajo la forma de sabiduría, de sufrimiento, de felicidad o de sus antítesis, ya no sería *Tao*. *Tao* es *uno*, y no tiene antítesis. TchuanTzú lo expresa con mucha simplicidad: «La Felicidad Suprema no es Felicidad».

»Del mismo modo, el dolor no existirá para ti. No creas que es una realidad, un principio esencial de lo que es, de tu propia vida. Te abandonará un día como desaparecen las brumas del flanco de una montaña. Acabarás viendo que todo lo que existe es inevitable y natural. Las cosas que, durante tanto tiempo te han parecido oscuras, tristes, importantes, se convertirán en *Wu Wei*, o sea, perfectamente simples, no actuantes sin causa discernible. Todo procede de *Tao*; todo es parte natural del gran Sistema que procede del Principio Único.

»Entonces, nada te alegrará y nada te entristecerá. Ya no conocerás la risa o los lloros... Tu mirada es dubitativa, parece que me acuses de frialdad y de dureza... Cuando hayas caminado un poco comprenderás

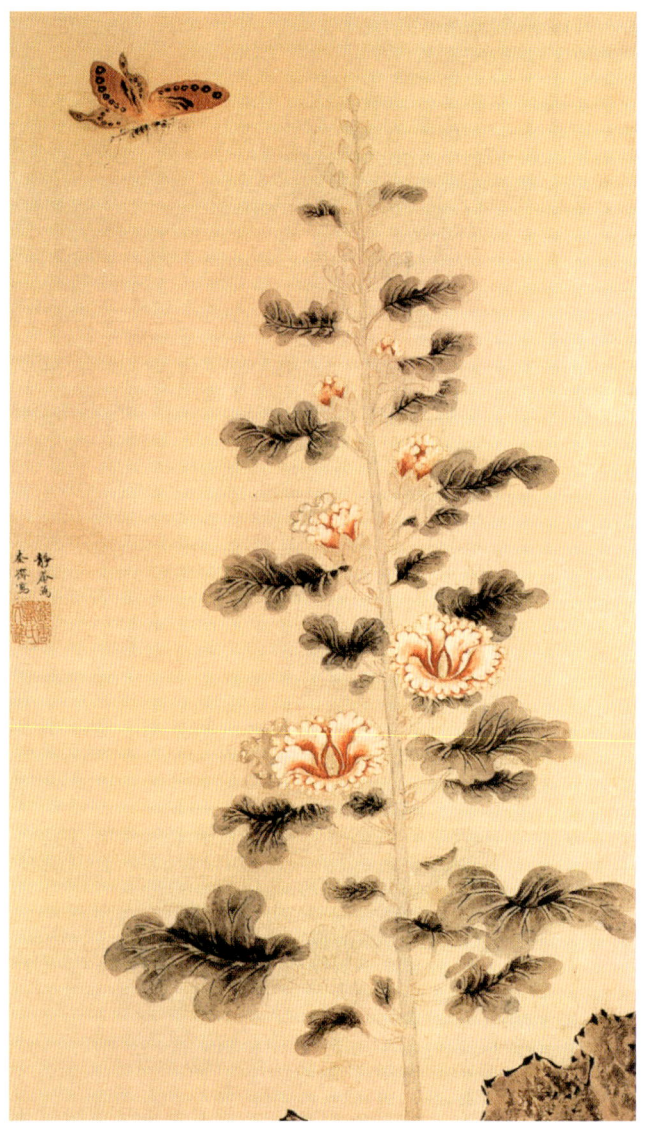

que un ser semejante está perfectamente en la línea de *Tao*. En efecto: cuando te encuentres con el dolor, sabrás que ha de desaparecer, pues es irreal. Cuando te encuentres con la alegría, comprenderás cuán primitiva es aún, porque está ligada a las limitaciones del tiempo y de las circunstancias, y condicionada por su antítesis, el dolor. Si te encuentras con un ser amable, lo aceptarás como natural y, al mismo tiempo, percibirás la perfección que alcanzará el día en que no sea más ni amable ni bueno. La visión de un asesino ya no te asustará; ya no te inspirará amor humano excesivo ni, tampoco, odio, pues sabrás que es tu semejante en *Tao*, y que ninguno de sus pecados podría destruir *Tao* en él.

»Cuando sepas ser *Wu Wei*, No Actuante, en el sentido ordinario y humano del término, *serás* verdaderamente y cumplirás tu ciclo vital con la misma falta de esfuerzo que la ola que se mueve a nuestros pies. Nada aleteará ya tu quietud. Tu sueño ya no tendrá sueños y lo que entra en el campo de la conciencia ya no te causará quebraderos de cabeza.[7] Lo verás todo en *Tao*, serás *uno* con todo lo que existe y la naturaleza entera será tu prójimo como una arruga, como tu propio yo. Aceptando sin conmoverte el paso de la noche al día, de la vida a la muerte, llevado por el ritmo eterno, entrarás en *Tao*, allí donde nada cambia, allí donde volverás tan puro como saliste.

—Lo que decís, Padre, es tan simple que destruye cualquier duda. Sin embargo, ¡la vida me gusta to-

禹

克勤于邦　烝民乃粒
慮鼓在躬　厥中允執
惡酒好言　九功由立
不伐不矜　振古莫及

davía tanto! Y la muerte me asusta; la mía, la de mis amigos, la de mi esposa, la de mi hijo... ¿Cómo no temblar ante lo que es tan frío, tan sombrío? La vida es clara, alegre, con su sol, y la tierra revestida de su túnica de flores y de verdor.

—Aún no te has dado cuenta de hasta qué punto la muerte, como la vida, es natural. Estás demasiado atado a la carne perecedera, enterrada en la tierra helada. Lo que sientes es lo mismo que siente el prisionero que está a punto de recobrar la libertad y que está triste por tener que abandonar la celda en la que ha vivido tanto tiempo. Ves siempre a la muerte como antítesis de la vida; sin embargo, ambas son irreales. No son sino una apariencia, un paso. Pero tu alma[8] está abandonando la orilla de un pequeño lago conocido para nadar hacia el océano. La realidad en ti, tu alma, es imperecedera y no conoce el temor. Deja de tener miedo. De todos modos, cuando pasen los años, cuando hayas vivido bastante al ritmo de *Tao,* la angustia se desvanecerá por sí misma. Entonces ya no llorarás más que a los difuntos con los que te habrás reunido sin tener conciencia de ello porque, para ti, todo contraste habrá desaparecido.

»Al morir la esposa de Tchuang-Tzú, Hui-Tzú, lo descubrió poco después sentado en el suelo jugando con una copa para distraerse. Ante los reproches que le hiciera Hui-Tzú, que le acusaba de tener poco amor, Tchuang-Tzú respondió:[9] "No es natural (como ves). Cuando expiró, sentí, evidentemente, una gran tristeza. Pero cuando reflexioné, vi que en el origen no vivía; no sólo no había nacido, sino que tampoco tenía forma. Aún más, esta masa amorfa no contenía aún el principio vital. Entonces, como en la vegetación que fermenta, el principio de vida apareció. Este principio devino forma; la forma dio lugar al nacimiento. Hoy se ha producido una nueva transformación: ha muerto. ¿No es el transcurrir de las estaciones? Primavera, verano, otoño, invierno... Ella está durmiendo apaciblemente en la Gran Casa. Si ahora llorara abundantes lágrimas, dejaría de comprender todo lo que te digo. Por eso he dejado de llorar".

El Sabio hablaba en un tono tan uniforme, que se sentía cuán naturales le parecían estas cosas. Como la Luz aún no se había hecho en mí, dije:

—Esta sabiduría me asusta. Me hace temblar. Si la alcanzara, la vida me parecería una nada helada.

—En efecto –respondió el Sabio sin manifestar la menor amargura–. La vida es así: fría y vacía. Y los hombres son tan decepcionantes como la vida.

»Nadie se conoce a sí mismo ni conoce a su prójimo. Sin embargo, todos son iguales: la vida no existe. No tiene ninguna realidad.

No sabiendo qué contestar, miré el paisaje vespertino.

Las montañas dormían apaciblemente envueltas en brumas ligeras. Las rodeaba una delicada luz azulina; como niños obedientes, estaban acostadas bajo la inmensidad de los cielos. Abajo brillaban algunas lu-

ces, rojizas y temblorosas. Un canto triste y monótono se elevaba acompañado por el trémolo de una flauta.

El mar se hundía, se hundía en la inconmensurable profundidad de la noche, y me pareció percibir el soplo del Infinito que llegaba de los más alejados espacios.

Entonces un gran dolor hinchó mis ojos y con apasionada insistencia dije:

—¿Pero qué ocurre con el amor, Padre, qué pasa con la amistad?

Me miró. Aunque no pude distinguir con claridad sus trazos, vi brillar una extraña ternura en sus ojos. Con voz suave prosiguió:

—Es lo mejor que hay en la vida. Te acompañarán en los primeros movimientos de Tao en ti. Sin embargo, un día, ya no los conocerás del mismo modo que el río ya no conoce su cauce una vez se ha confundido con el océano. No creas que quiero enseñarte a alejar el amor de tu corazón; sería ir en contra de *Tao*. Ama lo que amas, y no caigas en el error de ver en el amor un obstáculo que retrasa tu liberación. Quitar el amor de tu corazón sería Actuar con locura terrestre; en vez de acercarte a *Tao*, te alejaría de él. Lo que yo quiero decirte es lo siguiente: al principio, el Amor se desvanecerá sin que te des cuenta. Así pues, *Tao* no es amor. No olvides que te hablo de cosas supremas en la medida en que te son accesibles y útiles. Si no me ocupara más que de la vida y de los hombres, te diría: El amor es el mayor de todos los bienes. Pero para

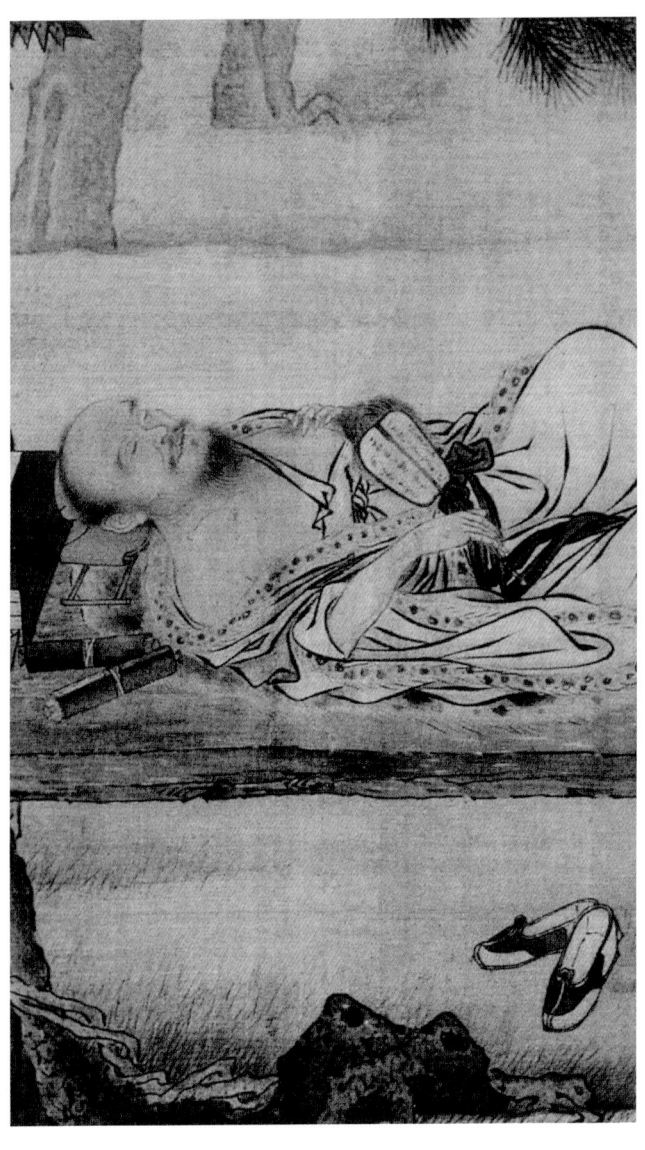

aquel que está a punto de absorberse en *Tao,* el Amor pertenece al pasado y cae en el olvido.

»Hijo mío, se hace tarde y temo cansarte. Si deseas dormir en el templo, confía en mí. Bajemos.

El Sabio encendió su pequeña linterna y tomó mi mano para guiarme. Partimos, caminando con prudencia y mi augusto conductor me manifestó una solicitud totalmente paterna. Atento a cada uno de mis movimientos, iluminaba mis pasos en los lugares difíciles, sosteniendo siempre mi mano con la suya. Cuando llegamos al santuario, me indicó la habitación destinada a recibir a los mandarines[10] y me trajo una manta y una almohada.

—¿Cómo podría, venerable Maestro, expresaros mi gratitud y compensaros vuestra bondad?

La paz de su mirada me penetró. Leí en ella el infinito del océano y toda la calma de la dulzura de la noche. El Sabio me sonrió, y fue como la sonrisa de la luz que cae sobre la tierra. Luego, silenciosamente, me abandonó.

2. El Arte

—¿Qué es la poesía? –le pregunté al Sabio. Estábamos en la cima del monte, a la sombra de una roca. El mar, infinito mantel, centelleaba al sol delante de nosotros. Velas de oro resbalaban en su superficie y, ligeras, las alas blancas de las gaviotas describían graciosas curvas. Sobre el azul del cielo, cual cohortes majestuosas, llegaban las nubes, puras como la nieve, con un movimiento lento e igual.

—¿Qué es la poesía?

—Es tan simple y natural como el mar, las nubes y los pájaros –dijo el Sabio–. Quizá te parecerá más fácil de captar que *Tao*. De todos modos, para comprender, basta con dejar errar tu mirada sobre la Tierra y los Cielos. Pues la poesía existe desde que ellos existen.

»La belleza suprema nació cuando el Cielo y la Tierra entraron en la existencia. El Sol y la Luna, las nubes y las rojizas brumas que acompañan al nacimiento y a la muerte del día se envían entre sí sus reflejos. No les tiñe ningún color para hacerlos tan maravillosos en las inagotables metamorfosis que hacen de ellos el "Espectáculo-grandioso-de ver" bajo la bóveda celeste. Un sonido no podría formarse sin el movimiento que lo engendró. Entre todos, los más impresionantes son el ruido del trueno y el del viento. Toda abertura en el universo engendra el sonido, desde que le fue impreso el movimiento.

»Escucha el torrente que corre entre las rocas. Su voz, aguda o grave, breve o larga, quizá no responda a las leyes de la música; pero forma espontáneamente su medida y su ritmo.

»Es el sonido natural (nacido-de-sí mismo) del Cielo y de la Tierra. Procede del Movimiento.

»Pues bien, cuando el corazón humano, totalmente vacío y, al mismo tiempo, totalmente lleno del espíritu, recibe una impresión cualquiera, engendra el Sonido. ¿No es curioso que, maravillosamente diversificada de él, nazca la literatura?

»Hijo mío, la poesía es el Sonido del Corazón.[11]

»Esta noción es tan sencilla que sin duda la has comprendido. Allí donde estés, la poesía es visible y

perceptible, pues la naturaleza entera es un único y gran poeta. Pero de su misma simplicidad deriva su carácter inmutablemente severo. El sonido del verso surge de la fuente del movimiento. Cualquier otro sonido no es poesía. Es preciso que el sonido nazca por sí mismo, *Wu Wey*: es imposible crearlo mediante los más variados artificios. Muchos son los que producen mediante el Actuar no natural. No son poetas, sino monos o loros. Pocos, muy pocos, son los verdaderos poetas en los que el verso, armonía espontánea, surge potente como el torrente que salta de roca en roca o como el estruendo del trueno, suave como la caída de la lluvia primaveral, que acaricia como la brisa de una tibia noche de verano.

»¿Oyes el sonido del mar? ¿No es un canto espléndido? ¿No es un gran poema, una pura sinfonía? ¿Ves las olas que van, en ininterrumpido movimiento, siguiéndose y persiguiéndose, apareciendo y desapareciendo armónicamente hasta su fin? El poeta debe ser tan simple y tan grande como el mar. Como él, se mueve al ritmo natural que procede de *Tao,* al que debe abandonarse, con la docilidad del niño, sin querer ser personal, no actuando. El mar es grande. El poeta es grande. Pero *Tao,* que carece de dimensiones, es infinitamente mayor.

Escuchando la voz del mar que le penetraba, el Sabio se calló.

Había meditado mucho desde el primer día en que oí estas palabras. Al principio temía que su filosofía, tan vasta, tan elevada, fuera mortal para el artista. Si me dejaba arrastrar por la sabiduría, me parecía que ya nunca podría apreciar las puras emociones del poeta ni su feliz asombro ante cualquier manifestación de la verdad.

Parecía como si el Sabio no hubiera visto nunca el mar, tan profundo era su éxtasis. Atento, con los ojos brillantes, escuchaba la armonía de las olas. Volvió:

—¿No es bello? ¿No es maravilloso el Sonido que surge de *Tao,* que es Silencio? ¿No es maravillosa la luz que surge de *Tao,* que no es luminoso? ¿Y los versos, la sonora música de las palabras, nacidas de *Tao,* que está mudo? ¿No estamos viviendo un gran Misterio infinito que, un día, se transformará en Verdad simple y absoluta?

Permanecí un rato silencioso. No era todavía capaz de concebir con nitidez todo lo que me decía. A fuerza de ser simples, esas cosas me parecieron demasiado simples. Dudoso, dije:

—Cantar, ser poeta, ¿acaso es tan simple como decís? No nos es posible entonar un canto con la misma facilidad con la que el torrente murmura sobre su lecho de guijarros. ¿No nos es necesario aprender aunque fuera la forma poética para hacer poesía? Me parece que se trata de acción, y no de un ritmo espontáneo.

Sin mostrarse alterado por mi pregunta, el Sabio prosiguió:

—No te preocupes. Todo queda resumido en lo que te diré: ¿Posee el hombre la verdadera Fuente de la que debe manar el verso? ¿Tiene en él el ritmo simple y puro de *Tao*? ¿Está verdaderamente basada su vida sobre este principio de belleza y de simplicidad? Si reúne estas condiciones, es poeta; si no las reúne, no. Has comprendido, ¿no es cierto? Considerados desde un punto de vista elevado, todos los hombres son poetas, pues, repito, todos poseen en sí mismos el ritmo que les hace salir de *Tao* y que los devuelve a él. Pero pocos son aquellos en quienes este ritmo está lo suficientemente desarrollado, suficientemente acentuado para que vean las manifestaciones de la belleza que son como las riberas entre las cuales va a fluir su alma hasta alcanzar el Infinito. Si quieres, podemos comparar el hombre común a unas aguas que están estancadas en un terreno pantanoso cuya vegetación es pobre y enfermiza. Los poetas son ríos argentinos cuyas aguas discurren hasta el océano sin límites entre sus opulentas orillas. Pero dejemos estas metáforas; son demasiado complicadas.

»Cuando un poeta es un verdadero poeta y posee la verdadera fuente, ha tenido que ejercitarse previamente en su arte. ¿No es normal, en estas condiciones, que se mueva con la misma naturalidad que la naturaleza? No olvides que un joven poeta, que ha estudiado durante un tiempo las diferentes maneras de hacer versos descubre de pronto que estas formas son hasta tal punto naturales que le sería imposible ver otras. Por sí mismos, sus versos adaptarán sus ritmos a formas bellas porque, evidentemente, no conocen otras. Esto es lo que marca la diferencia entre el poeta y el diletante: al examinar sus versos después de exteriorizarlos descubre que son justos en todos sus movimientos, sonoridades y ritmos. El diletante, sin embargo, después de un plan sabiamente combinado, comienza trazando un pequeño camino en el que se esfuerza luego en avanzar un conjunto de palabras sin alma. Las frases animadas del poeta surgen sin esfuerzo por el mero hecho de que están animadas. Y, a fin de cuentas, no existe ninguna forma poética definida, pues un poema, que ha surgido espontáneamente de la Fuente, se mueve merced a su propia fuerza y no obedece a una ley humana preestablecida. La única ley es que no hay leyes. Quizá, mi joven amigo, mis palabras te parezcan osadas, pero mi argumentación parte de *Tao*. Por otra parte, conozco pocos verdaderos poetas. Es el menos frecuente de los fenómenos, se trata de hombres que poseen la pureza de la naturaleza. ¿Has conocido a muchos en tu país?

Esta pregunta inesperada me dejó perplejo. No entendía qué pretendía el Sabio. Me pareció tan difícil contestar que me escabullí haciéndole una pregunta:

—Venerable Maestro, me siento incapaz de contestaros antes de haber aprendido más. ¿Por qué crea un poeta un poema?

Como si no hubiera comprendido, repitió:

—¿Por qué crea un poeta un poema?

—Sí, Maestro, ¿por qué?

Una carcajada limpia acompañó a sus palabras:

—¿Por qué hace ruido el mar? ¿Por qué canta el pájaro? ¿Lo sabes, hijo mío?

—Padre, porque no pueden hacer otra cosa, porque están forzados, por su naturaleza, a hacerlo. Es *Wu Wei*.

—Maravilloso. Pues bien, ¿por qué no ocurriría lo mismo con el poeta?

Me quedé reflexionando, pero no tenía ninguna respuesta preparada.

—Sí, podría ocurrir otra cosa. Un poeta puede cantar para ayudar a la creación de una literatura en un país en el que ésta ha muerto. Suena bien, aunque sea al fin y al cabo un motivo impuro. Además, hay poetas que cantan a fin de alcanzar la gloria, la celebridad, para ser coronados por laureles, para contemplar la sonrisa de las jóvenes vírgenes que siembran flores bajo sus pasos.

—Exprésate con más claridad –dijo el Sabio–. No desflores palabras que son sagradas. Los poetas que cantan así no son poetas. El poeta canta porque canta. Si eleva su voz con un objetivo definido, no es más que un diletante.

—Pero, Padre, cuando un poeta ha cantado con tanta pureza como un pájaro, ¿por qué no podría regocijarse con las rosas y los laureles que se le ofrecen? ¿Por qué, celoso de su gloria, no odiaría a aquel a quien va a parar la corona si se considera a sí mismo el único digno de ella? ¿Puede renegar su alma y llamar «belleza» a la fealdad porque odia a la belleza que ha salido de ella? ¿Le está permitido llamar «bella» a la fealdad porque de ella vendrá el laurel que lo corona? ¿Acaso tiene derecho de rodearse de una aureola y diferenciarse de los demás revistiendo extraños ornamentos? ¿Tiene derecho el poeta a considerarse por encima del vulgo? ¿Puede estrechar las manos del vulgo que lo honra? ¿Le está permitido odiar a este vulgo que, en vez de honrarle, lo rechaza? ¿Cómo explicar todo esto? Nada tiene que ver con la simplicidad del pajarillo y del vasto océano.

—Todas estas preguntas, hijo mío, son otras tantas respuestas a mi pregunta –dijo el Sabio–. El mero hecho de plantearlas es la mejor demostración de que los poetas no abundan en tu país. Ten en cuenta que tomo el término «poeta» en su acepción más elevada. Un poeta sólo puede vivir por su arte al que ama como arte y no como medio para procurarse voces terrenales. Un poeta ve a los hombres y a las cosas en su esencia más simple, hasta tal punto que, por decirlo de algún modo, toca *Tao*. El común de los mortales no tienen sino una visión confusa de lo que les rodea; todo les está escondido por una espesa bruma. El poeta no se equivoca. En estas condiciones, ¿cómo esperar que su simplicidad sea comprendida por el pueblo de los ciegos? ¿Por qué iba a sentir odio o tristeza si se le rechaza? ¿Por qué alegrarse de las coronas con las que los demás van a ornarle? Es otro aspecto de las cuatro estaciones de Tchuang-Tzú, y no demasiado horroroso, ya que es el modo común de ir de las cosas.

»De ello resulta que el desprecio de la masa no sume al poeta en el desespero, como tampoco contribuyen los sufragios a su felicidad. Para él, estas cosas pertenecen al desarrollo natural de efectos cuyas causas conoce. Ni siquiera podría decirse que el juicio de la masa lo deja indiferente: para él no existe. No ha creado sus obras para entregarlas al pueblo, sino porque surgen espontáneamente de él. El ruido que alrededor de sus obras hacen los humanos no penetra en sus oídos; ignora que es célebre o que está hundido en el olvido.[12] La fama suprema consiste en no tener nada.

»Me miras como si te narrara maravillas en las que no osarías creer ni soñando. Pero lo que yo te digo es la verdad simple y natural, como la que está en el corazón de un paisaje o del mar. No has visto nunca la verdadera simplicidad, pues hace poco que has abandonado los negocios de los hombres de tu país. Mérito, gloria, honores, artistas, inmortalidad; has oído tanto estas palabras que crees de buena fe que se trata de cosas tan indispensables como el aire que respiras, tan reales como tu propia alma.

»Todo esto no es sino engaño e ilusión. Aquellos que has conocido quizá fueron poetas al principio, pero se han alejado del ritmo, que era su principio en *Tao*. No han sabido permanecer como eran; su debilidad los ha hecho descender al nivel de los hombres ordinarios. Actúan como éstos, con mayor pasión incluso. Se desprende de tus palabras. Pues bien, ya no son poetas, y sus cantos no son verdaderos poemas mientras permanezcan en su extravío. La menor desviación del ritmo original basta para matar la poesía. Sólo hay un camino, simple y virgen, pero implacable como la línea recta. Esta línea recta es la espontaneidad, el No-Actuar. A diestra y siniestra es lo no natural, la actividad engañosa; son los caminos que conducen a la gloria y los honores manchados por la muerte y el asesinato. Es frecuente encontrarse con seres ambiciosos que beberían la sangre de su mejor amigo si ello les acarreara el éxito. La línea recta, que no tiene curvas secretas que la hagan desviar, traza su camino hacia el Infinito.

»Un día comprenderás que, naturalmente, las contingencias cambian. En la historia de tu país, como en la del mío, sin duda, has sabido de ciertos poetas que morían de dolor, desconocidos. Estas cosas siempre me han parecido tristes; sin embargo, sé que no se trata de poetas verdaderamente grandes.

»Además, no hablo únicamente de los artistas del verbo, sino de todos aquellos que practican el arte en general. Sígueme y te descubriré un artista que, para mí, representa al hombre esencialmente simple y puro.

El Sabio me condujo a su casa. Entramos en una pequeña habitación de blancas paredes que no contenía más muebles que una cama, una mesa llena de libros y algunas banquetas. Abrió una puerta y volvió cargado de una caja de madera que sostenía con tanta precaución que parecía que se trataba de un objeto sagrado o de un niño recién nacido. Después de dejarla

Wu Wei

con cuidado en el suelo, la destapó y tomó un nicho de madera rojo oscuro que dejó encima de la mesa.[13]

—Para empezar –dijo el Sabio–, he aquí un nicho muy bonito. Se trata de un objeto bello que exige un entorno digno... Los postigos están cerrados. ¿Qué te parece? ¿No disimula su belleza a los ojos profanos? Sin embargo, consiento en desvelarla a los tuyos.

Envuelta en una tela de seda azul claro apareció una estatuilla que brillaba con un resplandor tal, que me pareció estaba milagrosamente aureolada. Era la estatua búdica de Kwan-Yin sentada en el centro de un loto castamente abierto que se alzaba sobre un mar agitado.[14]

—¿Ves qué simple y bella es? –dijo el Sabio–. ¿No es la imagen perfecta del reposo? Observa la serenidad de este rostro, qué exquisitamente delicado y, al mismo tiempo, qué austero, con sus ojos sumidos en la contemplación del infinito. Observa la curva de la cara, los labios y el majestuoso puente del entrecejo, la perla inefable, símbolo del alma, engarzada en la frente, esencia presta a abandonar el cuerpo.[15]

»Las líneas que componen esta imagen no son muchas. Observa también el gesto de clemencia infinita del brazo derecho que se baja, la santidad indecible expresada en el gesto del brazo izquierdo que está en alto y de la que dan testimonio los dos dedos juntos. Observa estas dos piernas cruzadas, suavemente apoyadas sobre los pétalos del loto. Mira también este detalle: las líneas sinuosas de los pies. ¿No es la misma esencia del budismo expresada toda ella en una única imagen? No es necesario haberlo estudiado para ser penetrado por ella. ¿No ves el reposo supremo en esta faz tan idealmente pura, vuelta hacia la Eternidad? ¿No es este brazo la expresión íntegra del amor hacia el universo, al que está bendiciendo? ¿No se puede captar la esencia de toda la Doctrina en estos dos dedos reunidos en el gesto momentáneo del testimonio?

»Observa ahora la sustancia con la que se hizo esta imagen. ¿Te das cuenta de lo que debió de sufrir el artista que, durante años, estuvo purificando, eterizando, la materia? La piedra es dura, ¿verdad?, y la noción de "materia" dificulta singularmente la expresión plástica de la noción inmaterial de Reposo. El artista trabajó con toda clase de materiales viles: barro, arena, arcilla. Los transformó, mezclándolos en proporciones que armonizaban con las piedras preciosas, con las perlas, con el jaspe hasta hacer un todo precioso. De este modo esta imagen se ha convertido en una materia que ya no es materia, sino más bien la encarnación de una idea sublime.

»El artista también quiso simbolizar la luz que ascendió sobre la humanidad cuando apareció el Buda. Y, en la blancura, en la pureza nívea de su porcelana, supo transparentar el sutil color rosado que vibra en los cielos matutinos antes de que estalle la gloria solar. ¿No es este presentimiento de la luz más infinitamente delicado que la luz misma? ¿No ves este color, apenas perceptible, que aparece debajo de la blancura? ¿No posee la castidad del primer sonrojo de una virgen? En verdad, una figura como ésta ya no es una figura: está despojada de toda materialidad. Es un milagro.

La emoción que me causaban sus palabras me dejó mudo. Y más que la sabiduría del anciano era la belleza del objeto lo que clarificaba mi alma.

—¿Quién ha creado esta maravilla? –murmuré. Quiero saber su nombre para poderlo honrar como le honro a usted.

—Ello poco importa, hijo mío –respondió el Sabio–. El alma, encerrada en el cuerpo del artista, se ha diluido en *Tao,* como un día se diluirá la tuya. Su envoltura terrestre se ha disuelto como se disuelven las hojas y las flores, y la tuya seguirá el mismo destino. ¿Qué importa, pues, su nombre? Sin embargo, puedo dártelo. Se llamaba Chen Wei[16] y, según la costumbre de su época, grabó su nombre en el reverso de la estatuilla con caracteres admirablemente estilizados. ¿Quién fue? Un humilde artesano que, sin duda alguna, no se creía artista. No se creía superior a cualquier labriego y no tenía ninguna idea preconcebida acerca de la belleza de su obra. Se sumía a menudo en la contemplación de los cielos; amaba el mar, los paisajes, las flores. Si no fuera así, su sensibilidad nunca hubiera podido alcanzar este grado de afinamiento.

»No conoció la celebridad y en vano buscarías su nombre en los libros de historia. No sabría decirte ni dónde nació, ni qué tipo de vida llevó ni cuántos

años vivió. Lo único que puedo decirte es que hace aproximadamente cuatro siglos se fabricaba este tipo de imágenes. Los conocedores estiman que datan de la primera mitad de la dinastía Ming.

»Muy probablemente el artista vivió sin pretensiones una vida común; trabajó con el ahínco de un buen artesano y murió sin sospechar nunca su grandeza. Pero su obra ha quedado, y esta imagen que una feliz casualidad trajo a nuestra comarca que se salvó de los horrores de las últimas guerras, ha permanecido igual que salió de sus manos. Durante siglos podrá seguir manteniendo el brillo de su virginal majestad.

»¡Crear algo así sin ser consciente de ello es verdaderamente ser poeta! El arte es esto: no para un tiempo, sino para toda la eternidad.

»¡Qué maravilla! ¿No es cierto? Esta porcelana es, por así decirlo, imperecedera y su brillo nunca se apagará. Y estará en nuestro planeta, resistiendo en su finura, incluso cuando nuestros hijos ya hayan muerto... Ya el alma del artista se ha disuelto en *Tao*...

Proseguimos durante un rato nuestra silenciosa contemplación. Luego, levantando con prudencia el nicho, el Sabio dijo:

—Es tan frágil que no me atrevería a exponerla a la luz del día. La luz es demasiado cruel para aquello que es tan etéreo como el alma: me da la sensación de que se rompería, se desvanecería como una nube. Porque no está hecha de materia, sino de espíritu.

Volvió a colocar suavemente el nicho en la caja y volvimos a sentarnos bajo la sombra de la roca.

—¡Qué bella sería la vida –dije–, si todos los hombres fueran creadores y se rodearan de objetos semejantes!

—Es pedir demasiado –contestó el Sabio–. Sin embargo, hubo un tiempo en el cual el imperio chino era un único gran templo dedicado al arte. Encontrarás vestigios por doquier. Entonces la mayoría de hombres eran simples artistas. Los objetos familiares eran bellos. Te darás cuenta estudiando las tazas de esa época, los incensarios... Los *coolies* más pobres comían en cuencos que, guardando las proporciones, eran tan bellos como mi imagen de porcelana. Todo lo que se hacía tenía su belleza natural.

»Es evidente que esos artesanos no se tomaban por grandes artistas ni se creían distintos de los demás. Nunca hubo peleas mezquinas entre ellos, hubiera sido el fin de su arte. Todo era bello porque aquellos hombres eran sencillos y trabajaban de buena fe. Las cosas eran tan naturalmente bellas como naturalmente feas son hoy en día. El arte, en China, ha retrocedido ostensiblemente a causa de las miserables condiciones sociales.

»Habrás constatado la decadencia de nuestro arte. Si la mayoría de los objetos de uso cotidiano son todavía más estéticos que los horribles productos de la industria occidental, no dejan, sin embargo, de deteriorarse. Es un presagio funesto para nuestro gran

EL ARTE

imperio, pues el arte es inseparable de la prosperidad de un país. Prosperidad moral, evidentemente, y no política. Los hombres fuertes y sencillos crean espontáneamente un arte robusto y sano.

»Sí, hijo mío, es cierto, la vida de los hombres sería mejor si supieran rodearse de algo mejor. ¿Por qué no ocurre así? En todas partes, su existencia está bañada de la naturaleza. En todas partes pueden ver árboles, nubes, mar.

Infatigable, el mar proseguía con su canto, infinitamente puro y verdadero. Horizontes lejanos avanzaban hacia los límites de la Tierra, lenta y majestuosamente, como entorpecidos por la luz. Encima de las montañas se dibujaban sombras doradas que aparecían y desaparecían según el ritmo de las nubes. Todo era luz, movimiento, sonoridad, matiz.

El sabio miraba alrededor suyo con confianza manifestando cuán íntimamente emparentado estaba con cuanto le rodeaba. Debió de adivinar mis pensamientos cuando dijo:

—Nuestra presencia en medio de tanta belleza es tan natural como la del árbol o la de la roca. Si supiéramos mantenernos en nuestro estado de simplicidad, nos sentiríamos definitivamente seguros en el vasto ritmo del sistema universal. Se han dicho tantas palabras a propósito de la vida humana que los sabios se han extraviado en un inextricable laberinto. Sin embargo, nuestra vida es tan sencilla en esencia como la naturaleza entera. Ninguna cosa es más complicada que otra, y el orden reina por doquier. El partir de todas las cosas es tan inevitable como el movimiento del mar.

La voz del Sabio vibraba con el profundo amor del poeta y expresaba la serena certidumbre del sabio que sabe que sus premisas están basadas en la verdad inamovible.

—¿Estás satisfecho por hoy? –me preguntó amablemente–. ¿He podido ayudarte en algo? ¿Empiezas a tener una concepción más nítida de qué es la poesía?

—Padre –respondí–, vuestra sabiduría es poesía y vuestra poesía sabiduría. ¿Por qué es así?

—Dices bien –respondió el Sabio–. Pero acabarás dándote cuenta de que las palabras no son más que apariencia. No sabría definirte mi sabiduría ni mi poesía. Todo vuelve al Único. Cuando lo hayas comprendido, te darás cuenta de cuán simple es. Todo es *Tao*.

3. El Amor

Una vez más, caía la tarde. Estábamos sentados en la montaña, apaciblemente, en plena confianza, con el silencio de la hora solemne. A nuestro alrededor parecía que los montes se hubieran arrodillado bajo la lenta bendición que descendía de la noche. Oíamos el ruido del mar, soñador, como perdido en su propia grandeza. El aire estaba impregnado de quietud y, a veces, un impreciso ruido nocturno ascendía como una oración.

Volviendo a ver al Sabio, me dije que tenía la majestad de uno de aquellos árboles que nos rodeaban y

que era tan digno de veneración como aquella augusta paz vespertina.

Había ido a hacerle preguntas. Lejos de él, mi alma no conocía el reposo, pues se sentía agitada por las más violentas turbaciones. Pero en cuanto me hallaba en presencia del Sabio, las palabras me abandonaban. ¿Qué necesidad de hablar? Todo era bueno y sencillo; en la belleza que me rodeaba hallaba mi propia esencia, y todo, como en un sueño, parecía encaminarse hacia el infinito. Sin embargo, no pude impedir romper el encanto y mi voz hizo una brecha en el silencio.

—Padre –dije con tristeza–, vuestras palabras han penetrado en mí y su perfume ha llenado mi alma. Pero me estoy olvidando de ella. Soy como alguien a quien la vida abandona. No sé lo que me está ocurriendo; el vacío se está haciendo en mí, cada vez más profundamente. ¡Ya lo sé!, Padre, es la muerte a la que seguirá la gloriosa resurrección. Pero no es el Amor, y, sin Amor, *Tao* me da la sensación de una sombría mentira.

El anciano se puso a reír suavemente…

—¿Qué es el Amor? ¿Lo sabes? –preguntó.

—No –respondí–. No lo sé, y precisamente porque lo ignoro pienso que representa una gran felicidad. Evidentemente, me refiero al amor sentido por un ser femenino, virgen o mujer. Nunca olvidaré, Padre, el día en que, viendo a la Virgen, mi alma se conmovió por primera vez. ¿Cómo os lo explicaría? Fue como el mar, los cielos, la muerte. Fue como la Luz para el ciego que yo era. Fue más doloroso que gozoso, Padre, pues mi corazón estaba a punto de explotar y mis ojos ardían. El mundo era como un brasero; súbitamente, todas las cosas se animaron con una vida extraña. En mi alma surgió una llama. Fue una angustia deliciosa que me superaba infinitamente. Padre, creo que fue mucho más fuerte que *Tao*.

—Lo sé –dijo el Sabio– Era la Belleza, la forma terrestre de *Tao* despertando en ti el ritmo que te llevará hasta él. La revelación hubiera podido venirte de la visión de un árbol, una nube, una flor. Pero como eres un hombre que se alimenta de pasión, fue necesaria la intervención de otro ser humano, la Mujer, forma que, por su familiaridad, te es mucho más accesible. Dado que la pasión dominó a la pura contemplación, tu ritmo se aceleró hasta ser como un mar agitado cuyas olas chocan entre sí sin saber adónde van. Con todo, lo esencial de tus emociones no fue el Amor, sino *Tao*.

La calma imperturbable del anciano exacerbaba mi fiebre y me impulsó a dirigirle duras palabras.

—Habláis muy bien y vuestras teorías son admirables. Pero si no habéis experimentado aquello de lo que habláis, no sabéis de qué se trata.

El sabio fijó su mirada en mí y con un gesto misericordioso me tocó el hombro.

—A cualquiera que le dirigieras estas palabras, excepto a mí, le parecerían crueles. Yo amé antes de que tus ojos se abrieran a la luz del mundo. Hubo una virgen, de tan maravillosa vista, que habríase dicho que se trataba de una forma que acababa de salir de *Tao*.

Llegué a creer que el Universo era Ella; excepto ella, para mí nada estaba vivo. Sólo la veía a ella. Su belleza superaba la del atardecer; su dulzura era mayor que la del manto de bruma que envuelve a las montañas, más tierna que la piadosa plegaria que entonan estos árboles. Brillaba con un destello más puro que el de esta estrella... No te diré qué sucedió. Me he sentido arder con todos los ardores del infierno. Pero, por el mero hecho de ser irreal, todo se disipó como una tormenta. Llegado a este punto, creí que me moría. Quise refugiarme en la nada para escapar al dolor. Por fin, el alba se levantó en mi alma; con la luz, la confianza regresó. Todo era como antes; nada estaba perdido. La belleza, que creía que no me estaba destinada, seguía viviendo en mí, tan inmaculada como antes. Porque no me venía de aquella mujer, sino de mi propio corazón. Lo que creía haber visto en aquella fugaz aparición femenina, lo encontraba ahora en la naturaleza. Mi alma, vibrando al unísono con ella, se encaminaba a su ritmo hacia *Tao*.

Sintiéndome penetrado por la tranquilidad del anciano, dije:

—Ya no vive, Padre, la que yo amé, la que rompió mi alma como un niño rompe el tallo de una flor: nunca llegó a ser mi esposa. Hoy tengo una compañera admirable y de extraordinaria bondad; está tan cerca de mí como el aire y la luz. No la amo con el mismo amor que sentí por la que falleció, pero no ignoro que mi esposa es dc una esencia más pura que la otra. Ha transformado mi vida triste y desordenada en un camino claro a través del cual voy apaciblemente hacia la muerte. Es simple y veraz como la naturaleza, y su rostro es para mi como el rayo del sol.

—Y sin embargo –dijo el Sabio–, sin embargo, la amas sin haber sabido nunca qué es el amor. Escucha. El amor no es otra cosa que el Ritmo de *Tao*. Recuerda mis palabras: procedes de *Tao* y regresarás a él. Adolescente, no habiendo salido aún tu alma de las tinieblas, sentiste el choque del primer impulso aunque ignoras adónde te llevará. Te imaginas que el Ritmo te empuja hacia la Mujer. Pero cuando la has tomado y vuestros dos cuerpos se han confundido, has seguido sintiendo, inexorable, el Ritmo dentro de ti; el Ritmo que te ordenaba ir hacia adelante, hacia la conquista de la paz. En este momento, una gran tristeza se abate sobre los amantes; se miran y se preguntan hacia dónde han de ir. Cogidos de la mano, arrullados por el mismo ritmo, atravesarán la vida y se encaminarán hacia el mismo objetivo. Eres libre de llamarlo «Amor». ¿Qué importa la palabra? Yo lo llamo *Tao*... Las almas de los amantes son como dos nubecillas blancas que mueve el mismo soplo y que acabarán evaporándose en el azul del cielo insondable.

—¡No es esto lo que yo creo! –exclamé– ¡El Amor no es ver cómo tu amada se disuelve en *Tao*! Es no querer dejarse nunca; es el deseo de las almas que anhelan la fusión completa: es el deseo de los cuerpos que buscan confundirse en un mismo éxtasis. Y esto excluye la idea de separación, ya sea de los demás, ya sea de la naturaleza. Si tuviera que reabsorberme en *Tao,* esta inmensa Felicidad se perdería irremisiblemente. ¡Ah!, ¡dejadme permanecer en el dulce seno de la Tierra, acurrucado con la Bienamada! Allí reina la luz, allí me siento orientado y *Tao,* para mí, no es sino un abismo de oscuridad mística.

—El deseo de la carne tiene un tiempo –respondió, impasible, el Sabio–. La envoltura de tu bienamada se marchitará y, disuelta, se mezclará a la helada tierra. Las hojas de otoño palidecen y la flor que languidece inclina su corola hacia el suelo. ¿Cómo puedes prodigar semejante ternura a lo que no vive eternamente?

»En verdad te lo digo: no sabes cómo amas ni cuál es el objeto de tu amor. La belleza de la mujer no es sino un pálido reflejo de la belleza sin forma de *Tao.* La emoción que despierta en ti, ese deseo que te inspira para que te pierdas en ella, esa expansión que ensancha tu alma hasta el punto de querer volar con tu Bienamada hacia los horizontes de la felicidad inefable, todo ello, créeme, hijo mío, es el Ritmo de *Tao* que sigues ignorando. Te asemejas al río que, conociendo sólo sus bordes floridos, obedece sin saberlo a la fuerza irresistible que lo empuja hasta el océano.

»¿Para qué sirve esta precipitación hacia la felicidad humana, breve como el relámpago? Tchuang-Tzú lo ha dicho: "La Felicidad Suprema es la No Felicidad". ¡Cuán ínfima y despreciable es esta breve ascensión

feliz, seguida de la inevitable caída, para volver a empezar y volver a caer! No le exijas a la mujer que te dé felicidad. Es la mensajera que te anuncia a *Tao*. Es, en la naturaleza, la más perfecta Forma de *Tao* manifestado. Ella es el dulce poder que anima en ti el Ritmo. Pero, al igual que tú, no es más que un ser humano y, recíprocamente, tú eres su impulso anunciador.

»Deja de considerarla como *Tao,* el sacrosanto, donde tú quisieras fundirte. Si fueras capaz de verla tal cual es, la arrojarías lejos de ti. Y si verdaderamente deseas amar a una mujer, ámala porque os ayudaréis en vuestra debilidad. No la lleves contigo en la búsqueda de la felicidad. Seas o no capaz de verla bajo los velos del Amor, la esencia de la mujer es *Tao*.

»El poeta se encuentra con una mujer y, movido por el *Ritmo,* reencuentra la Belleza de la Amada en toda la naturaleza, pues ambas bellezas son idénticas. Es la forma de *Tao,* el gran Amorfo. Cuando la contemplación despierta en tu alma una aspiración que no sabrías definir, has de saber que es el deseo de ser uno con esta belleza, con su esencia. Y esto, es *Tao*. No ocurre algo distinto con tu compañera. Sois los guías espirituales que, sin saberlo, os conducís mutuamente hacia *Tao*.

Permanecimos pensativos durante mucho rato. Me sentía invadido por la inmensa tristeza que emanaba en el silencio vespertino de los colores ocres del paisaje. En el horizonte, una estría roja señalaba el lugar por donde había desaparecido el Sol. Parecía una herida...

—¿Qué es? –dije–, ¿qué es esta tristeza que, por doquier, exhala la naturaleza? ¿No parece que, en el crepúsculo, la Tierra entera llora en dolorosa aspiración? Llora en sus apagados colores, en sus árboles inclinados, en sus enlutadas montañas de brumosas cimas. Los ojos de los hombres se mojan con extrañas lágrimas cuando perciben el dolor de la naturaleza. Es como una Amante que, loca de amor, busca a su Amante. Todo es tristeza, el mar, los montes, las nubes. Y el Sabio prosiguió:

—Es la misma tristeza que llora en el corazón de los hombres. Tus dolorosas aspiraciones son las de la naturaleza. La nostalgia de la tarde enternece tu corazón. Tu alma ha perdido a su amante, *Tao*, con quien, no ha mucho, estaba unida; sólo tiene un deseo: fundirse de nuevo en él.

»¿No es ésta la expresión más perfecta, más absoluta del Amor? Ser hasta tal punto uno con la Amada que somos su esencia como ella es la nuestra. Amor infinito, pues ni la vida ni la muerte podrían destruirlo; amor lo suficientemente puro y sin mácula como para que ningún deseo lo agite, pues la felicidad absoluta ha sido alcanzada y, de aquí en adelante, no es sino paz y quietud. Porque *Tao* es el espíritu eterno de inmaculada esencia.

»¿No es todo esto superior al amor por la mujer, este sentimiento tan débil, tan triste que, a diario, empaña la vida del alma con los sobresaltos de la pasión? Cuando te hayas fundido en *Tao,* sólo entonces,

estarás para siempre unido al alma de tu Bienamada, a las almas fraternas de tus semejantes, a la de la naturaleza. Los pocos momentos de felicidad que saborean los amantes terrestres se desvanecen ante la felicidad infinita en el seno de la cual la felicidad de todas las almas se confunde para no formar más que una eternidad de inmarcesible pureza.

Poco a poco, mi alma iba concibiendo horizontes de felicidad que iban creciendo y volviéndose más amplios que la orilla del mar, que los cielos más lejanos.

—Padre –dije, tembloroso de emoción–, ¿cómo puede ser que el universo sea algo tan sagrado y yo no me haya dado cuenta antes? El deseo me ha devorado; he conocido el cansancio mortal que dejan tras de sí las lágrimas, los sollozos que han destrozado mi pecho. He sido hostigado por la angustia; me he estremecido ante la muerte. He dudado de la bondad de las cosas, rodeado de sufrimiento y de dolor. He creído estar condenado porque estaba lleno de feroces pasiones, de deseos carnales que me invadían como devastadoras llamas. Los odiaba, pero, cobarde, los servía. Jadeando de terror, me he acordado de la carne en flor de mi esposa que, fatalmente, se ajaría, condenada como estaba de antemano a disolverse en el frío polvo. He pensado que ya nunca podría saborear la paz de hundir mi mirada en la suya, donde descubría el resplandor de su alma…

»Decís que, a pesar de todo, *Tao* no dejaba de estar en mí, como un fiel guardián. Que era *Tao* lo que veía brillar en los ojos de mi Amada. ¿No está bien así, Maestro? ¿Estaba *Tao* en todo lo que me rodeaba? La esencia de la Tierra y la de los Cielos, la de mi Amada y la mía, ¿son una sola y misma cosa? ¿Es éste el origen de las aspiraciones cuyo objeto desconocía pero que me seguían impulsando hacia adelante? Me parecía que me quitaban a mi Amada, que mi amor por ella ya no era...

»Pero, me decía, es el Ritmo... el Ritmo que nos lleva, a ella y a mí, que es el soplo mismo de la Naturaleza que traza la ruta luminosa de los astros a través del espacio. Si, así es, todo está consagrado, y todo, en *Tao,* es lo que es mi alma. ¡Padre, padre, que el día se levante en mí! Paréceme que mi alma presiente la futura revelación; ya la han presentido los cielos encima de nuestras cabezas y el mal que descansa a nuestros pies. La Naturaleza tiembla con sagrada emoción y mi alma la comparte, pues ha visto a Aquella a quien ama.

Perdido en una muda introspección permanecí inmóvil durante un rato. Tenía la certeza de ser uno con el alma de mi Maestro, uno con el alma universal. Mis ojos no veían, ni mis oídos oían; el deseo, el querer me habían abandonado; era el Reposo infinito. Un ligero ruido me devolvió a mí mismo: maduro, el fruto se había separado de la rama. Cuando levanté los ojos, vi a mi lado, bañado por un cegador rayo de luna, al Sabio que, preocupado, se inclinaba hacia mí.

—Hijo –me dijo–, has abusado de tus fuerzas. Ha sido demasiado en demasiado poco tiempo. El cansan-

cio te ha llevado a dormirte. Mira, también el mar se ha dormido; ni una sola arruga turba su reposo; soñadora, recibe la consagración de la luz. Despierta: tu barca te espera, y tu esposa, allá en la ciudad de los hombres.

Algo dormido, respondí:

—¡Dejad, dejad que permanezca aquí o que regrese aquí con ella! No quiero abandonar este lugar. Ya no puedo volver a vivir entre los hombres. Padre, tiemblo ante la idea de su rostro burlón, de sus ojos sacrílegos, de su incredulidad. ¿Cómo llevar el fardo precioso de mi alma entre las hordas sombrías?

»¿Cómo ocultarla a fin de que no puedan mancillarla con sus burlas?

Gravemente, el Sabio colocó su mano sobre mi hombro:

—Hijo, atiende a mis palabras. Antes que nada, ten fe en mí. Lo que voy a decirte te resultará doloroso, pero es un dolor que no debo ahorrarte. Es necesario que regreses entre los hombres. Ya hemos hablado demasiado: quizá te he revelado demasiadas cosas.

»Ahora eres tú quien debe crecer, hacer que aumente tu sabiduría sin contentarte con lo que otros hayan descubierto. Si sabes buscar con simplicidad, encontrarás la verdad que se te ofrecerá como se ofrece la flor a la mano del niño.

»En este instante has logrado una noción muy pura de lo que te he dicho: has alcanzado una de las cimas de tu existencia. Pero tus fuerzas no son aún suficientes para llevar el peso de tu conocimiento. Volverás a caer y el saber inmaterial de tu alma volverá a ser "ideas" y "teorías". Poco a poco, con una gran lentitud, volverás al punto en que, purificada de nuevo, la conciencia permanecerá para siempre. Cuando hayas alcanzado este punto, nada se opondrá a que regreses, pero aquel día ya hará tiempo que yo habré dejado de respirar.

»Hay que crecer en la vida, no al margen de ella. No eres aún lo bastante puro como para elevarte por encima de la vida. Ya sé que hace un momento te habías elevado. Pero ten cuidado: la reacción te acecha. No tienes derecho a rechazar a los hombres; son tus iguales, aunque en algún momento goces de percepciones más claras que las suyas. Ve a ellos y toma sus manos como se toma la mano de un compañero. Con todo, no desveles tu alma a aquellos que aún no han salido de sus tinieblas. Se burlarían de ti, no por maldad sino por convicción, inconscientes de su miseria, de su abyección, y de las cosas sagradas que te alimentan. Tu certeza debe ser tan fuerte como para resistirlo todo sin que nada la haga titubear. Sólo alcanzarás la fuerza mediante heroica lucha. La sacarás de las lágrimas, porque el dolor es el camino que lleva al reposo. Antes que nada, recuerda que *Tao,* Poesía y Amor son inseparables, incluso si te obstinas en distinguirlos por medio de cualquier definición. Te rodean siempre, en todas partes; en tal recinto sagrado siempre estarás seguro. Sus beneficios, innumerables, bajarán sobre ti, prodigados por un amor ilimitado. Todas las cosas están santificadas por *Tao,* que es su esencia.

EL AMOR

Las palabras del Maestro poseían aquella suavidad persuasiva capaz de desarmar cualquier contradicción. Dócilmente, me dejé llevar por él hasta la playa donde me esperaba mi barca.

—Adiós, hijo –dijo el Sabio con una voz tan firme como afectuosa–. Recuerda mis palabras.

Parecíame imposible dejarlo así; dándome cuenta de su extrema soledad, la piedad bañó mis ojos. Tomando su mano dije:

—¡Padre, venid conmigo! Mi compañera y yo os cuidaremos. No permanezcáis aquí sin afecto alguno que os sostenga.

El sabio rio suavemente, como un padre ríe de las ocurrencias de su hijo. Con la misma firmeza y la misma dulzura prosiguió:

—¡Ya has vuelto a caer! ¿Te das cuenta de cuán necesario te es volver a la vida de los hombres? Acabo de hacerte partícipe del inconmensurable Amor que me envuelve y me crees solo y abandonado. Estoy tan seguro en *Tao* como un niño en brazos de su madre. Tu corazón es bueno, pero te falta sabiduría. Tu solicitud, sin embargo, me emociona, y te lo agradezco. Pero el primer objeto de tus preocupaciones has de ser tú mismo. Actúa según mis preceptos, que sólo apuntan a tu bien. Adiós. Llévate en tu barca un buen recuerdo de los días que has pasado aquí.

—Incapaz de hablar, me incliné sobre su mano y la besé respetuosamente. Creo que durante un instante tembló bajo mis labios... Cuando levanté mis ojos hasta su rostro, descubrí una serenidad tan profunda como los rayos de la luna.

Partí llevado por los remos que el remero empuñaba con fuerza. Ya estábamos bastante lejos cuando con el pie tropecé con un objeto pesado. Me acordé de las últimas palabras del Sabio y abriendo la caja que acababa de recoger, me quedé estupefacto. Rodeada de una aureola mística, descubrí la imagen de Kwan Yin, la estatua de porcelana irreal –tan fina era–, el tesoro que el anciano amaba y conservaba tan celosamente.

En su majestuosa calma, con aquellas líneas a la vez tan tiernas y tan austeras, Kwan Yin, transparente, etérea, reposaba sobre hojas de loto. Brillaba con los rayos puros de la luna, como si estuviera modelada con la sustancia de un alma.

Desconcertado por el pensamiento de que aquel objeto me había sido regalado, agité la mano para expresar mi gratitud al Sabio. Inmóvil en la playa, sus ojos estaban clavados en el espacio. Yo sólo esperaba un gesto, un único gesto que me transmitiera una vez más su afecto. Pero no se movió.

¿A quién miraba así? ¿Al mar? ¿A mí?…

Volví a cerrar la caja y la estreché contra mi pecho, como si me llevara la ternura del anciano. Me llevaba la prueba de que había penetrado en su corazón; sin embargo, aquella calma imperturbable me abrumaba y me invadía una gran tristeza porque no había querido concederme un último gesto.

A medida que la barca me llevaba más lejos, la figura del Sabio se iba desvaneciendo. Permanecería allí, solo con la naturaleza, con sus meditaciones, solo en medio del infinito, pero reposando en el seno de *Tao*... y yo... yo regresaba a la Vida, a los hombres, mis hermanos y mis semejantes cuya alma contiene *Tao,* esencia inmortal. Lejanas, las luces del puerto empezaban a brillar y el rumor de la ciudad llegaba hasta mí.

Entonces sentí que una gran fuerza me penetraba y ordené al remero que fuera más deprisa. Estaba preparado. ¿No estaría tan seguro como en cualquier otro lugar en aquella ciudad que bullía? En el corazón de todas las cosas se encuentran el Amor, la Poesía, *Tao.* El universo entero es un vasto santuario, cobijo tan seguro como una buena y fuerte Casa.

Notas

1. Este hecho es exacto. La mayoría de sacerdotes chinos recitan, sin comprenderlos, *Sutras* traducidos fonéticamente al chino según un sentido aproximado de los sonidos sánscritos.
2. El pasaje entre comillas es una traducción del *Nan Hwa King*, cap. X. El Emperador Amarillo fue un soberano legendario que habría reinado hacia el año 2697 a. C.
3. El pasaje que sigue no es ninguna traducción, sino un comentario del primer capítulo del *Tao Te King*. Es absolutamente imposible traducir los términos empleados por Lao-Tzú en frases de una extraordinaria brevedad. H. Giles, uno de los más célebres sinólogos y, hasta cierto punto, de los más capacitados, se limita a traducir la primera frase de este capítulo y declara que el resto no vale la pena. (Cf. *The remains of Lao Tzú* por H. Giles, Hong Kong, China Mail Office, 1886).

   Este mismo sabio traduce *Tao* por *The Way*, el Camino, la Vía. No se hace a la idea de que lo que Lao Tzú concebía como «La Cosa Suprema, el Infinito» no podía en modo alguno ser «un Camino». En efecto, incluso en sentido figurado, un camino conduce hacia un objetivo cualquiera y, por lo tanto, no podría considerarse como absoluto, supremo. Otro sinólogo más célebre aún, el doctor Legge, traduce *Tao* por «Course» (la Vía). Y la lúcida frase: «Si *Tao* pudiera ser dicho (expresado), no sería el *Tao* eterno» se convierte en *«The Course that can be trodden is not the enduring and unchanging course»*. (La vía, camino que puede pisarse no es el camino que permanece siempre y que no varía nunca). Finalmente, el término *Tao* encierra una multiplicidad de sentidos; en la obra de Confucio *Chung Yung* significa efectivamente «camino», pero en centenares de casos debe interpretarse como «decir».

El hecho de que Lao Tzú haya dado a este ideograma dos sentidos distintos en una única misma frase ha inducido a error a la mayoría de traductores. La frase citada no podría ser más explícita. En dos de las ediciones chinas que poseo, los comentadores lo explican como «decir» y en una tercera encuentro algo que quizás es más claro: «expresar a través de la boca». Entre todos los sinólogos, Wells Williams es el único cuya traducción es exacta: *«The Tao which can be expressed is not the eternal Tao»* (El *Tao* que puede ser expresado no es el *Tao* eterno).

El presente estudio ya había aparecido en *Gids* cuando llegó a mis manos el excelente trabajo del profesor De Groot titulado «Fiestas anuales y costumbres de los chinos de Emui). He visto que su opinión coincide con la mía acerca de la imposibilidad de traducir *Tao*. Se trata, en efecto, de un principio «cuyo nombre confiesa no conocer el filósofo y al cual, por lo tanto, designa bajo nombre de *Tao*».

El señor De Groot añade: «Si traducimos este vocablo por alma universal de la Naturaleza, fuerza natural universal o simplemente por Naturaleza, creemos no apartarnos demasiado de la intención del filósofo». Aunque, para mí, *Tao* contenga algo superior aún, la concepción del señor De Groot sigue siendo, entre las que conozco, la que más se aproxima a la mía.

4. Intraducible, el término *Wu Wei* ha sido, sin otra explicación, interpretado por los sinólogos como equivalente de «inacción» o, dicho de otro modo, «inercia». Y precisamente es lo contrario lo que hay que comprender, pues se trata de «la inactividad de las pasiones y de los deseos malos, que están en contradicción con la naturaleza» y de «la actividad en movimiento natural que procede de *Tao*».

   En *Nan Hwa King* leemos que «El Cielo y la Tierra no hacen nada (en sentido peyorativo) (a pesar de ello) no hay cosa que no hagan». Toda la naturaleza nace de *Wu Wei*, es decir, de la acción natural que procede de *Tao*. Los sinólogos, que han traducido *Wu Wei* por «inacción» sin comentarlo, han obtenido exactamente lo contrario del texto chino.

   En vano buscaríamos en Lao Tzú un desarrollo. Yo me limito a transcribir mi propia concepción de sus ideas. El primer capítulo no ocupa más que una sola página del libro y no cuenta más que con 59 caracteres. El hecho de encerrar en tan pocas palabras nociones de tal envergadura constituye un ejemplo sorprendente de la sobriedad extraordinariamente sutil de Lao Tzú.

5. Frase traducida del segundo capítulo del *Tao Te King*.

6. Frase traducida del capítulo 56 del *Tao Te King* y que vuelve a aparecer en el capítulo 13 del *Nan Hwa King*.

7. El capítulo sexto del *Nan Hwa King* contiene, en sustancia, lo siguiente: «Entre los Antiguos, aquellos que eran verdaderamente hombres dormían sin sueños y el volver a la conciencia no los alteraba en absoluto».

8. Esta palabra, cuya elección no es precisamente feliz, ha de entenderse en el sentido de «Yo superior».

9. Este episodio ha sido traducido del *Nan Hwa Ring*, cap. 18. Es evidente que «La Gran Casa», en el espíritu de Tchuang Tzú, designa al Infinito. Este vocablo crea una atmósfera de

intimidad, ayudando a comprender que su esposa estaría, en todas partes, tan segura como en su casa. H. Gilles, utilizando la palabra *Eternity*, que no se encuentra en el texto chino, destruye el carácter íntimo que da tanto alcance a la frase de Tchuang Tzú. (Cf. *Chuang Tsz'u*, por H. Gilles, Londres, Bernard Quaritch, 1889). El texto original contiene, literalmente, estas palabras: «Ku Shih»: la Gran Casa.

10. Casi todos los templos contienen una habitación que está a disposición de los mandarines que viajan. En general, los visitantes occidentales tienen permiso para pasar en ella la noche, incluso para permanecer en ella durante algún tiempo.
11. Estas líneas han sido tomadas y traducidas del prefacio al *Ong Giao Ki* (1.ª mitad del siglo XVIII).
12. La admirable frase que sigue ha sido traducida del capítulo XVIII del *Nan Hwa King*.
13. Los chinos conservan los objetos preciosos con gran cuidado. Es costumbre mantener una estatua de Buda envuelta en seda en un nicho; el nicho se coloca en una caja y ésta se envuelve en tela. No se la enseña sino en contadas ocasiones.
14. La estatuilla que describimos no es fruto de la imaginación. El autor posee una réplica de ella.
15. «Derna», la perla del alma.
16. La imagen que poseo es de Chen Wei. Otro gran artista fue Ho Chao Tsung. Tras grandes dificultades he podido hacerme con algunas obras suyas. Se trata de nombres muy famosos entre los conocedores, pero en vano he intentado obtener algunos datos biográficos de aquellos que los llevaban. La celebridad les llegó después de la muerte; hicieron tan poco ruido en vida que incluso el lugar en que nacieron nos es desconocido. Me ha sido imposible confirmar las escasas hipótesis a las que he podido llegar.

Índice

1. *Tao* 7
2. El Arte 39
3. El Amor 63
Notas 87